Stefan Wachholz

Dokumentation in der Softwareentwicklung

GRIN Verlag

Bibliografische Information der Deutschen Nationalbibliothek:

Die Deutsche Bibliothek verzeichnet diese Publikation in der Deutschen National-
bibliografie; detaillierte bibliografische Daten sind im Internet über http://dnb.d-
nb.de/ abrufbar.

Impressum:

Copyright © 2012 GRIN Verlag GmbH
Druck und Bindung: Books on Demand GmbH, Norderstedt Germany
ISBN: 978-3-656-35688-2

Dieses Buch bei GRIN:

http://www.grin.com/de/e-book/208401/dokumentation-in-der-softwareentwicklung

Stefan Wachholz

Assignment

Modul   SWE03

<u>Thema:</u>

Dokumentation in der Softwareentwicklung

Inhaltsverzeichnis

1 Einführung

In diesem Kapitel wird, im Anschluss an die Darlegung der Gründe für das Thema, der Aufbau des Assignments dargestellt.

1.1 Motivation

Die immer weiter fortschreitende Einflussnahme der Informationstechnologie (IT) in bestehende Wirtschaftssysteme und der damit verbundenen Globalisierung ist es von bedeutender Wichtigkeit schnell, präzise, genau und praxisnah zielgerichtete Software und Softwaresysteme zu entwickeln und zu verbessern. Die damit verbundene Durchführung von Projekten in der IT benötigt heutzutage die Steuerung durch ein Projektmanagement. Die Komplexität der IT-Projekte erfordert immer effizientere Projektmanagement-Methoden, um den Projektverlauf und die Termine gewährleisten zu können. Der schnelle Zugriff auf Projektdokumente ermöglicht dabei ein effizientes Projekt- und Wissensmanagement und trägt somit zur Qualitätssicherung bei.[1]

1.2 Ziel des Assignments

Ziel dieses Assignments ist es, einen Überblick über die verschiedenen Dokumentationsarten in der jeweiligen Phase eines Softwareprojektes zu geben.

1.3 Aufbau des Assignments

Das Assignment ist in fünf Kapitel aufgeteilt. Im Anschluss an die Motivation und dem Ziel des Assignments werden im Kapitel 2 die Grundlagen und die Bedeutung der Dokumentation dargestellt. Im 3. Kapitel wird auf die Projektdokumentation und im 4. Kapitel auf die Produktdokumentation eingegangen. Im 5. und letzten Kapitel wird eine Zusammenfassung und Beurteilung des Themas in Bezug auf aktuelle und zukünftige Entwicklungen gegeben.

---

[1] Vgl. Dan, 2007, S. 1

2 Grundlagen

Über den Umfang der Dokumentation gibt es viele Diskussionen. Der Kunde möchte oft sehr viel und umfangreich und der typische Entwickler möchte am liebsten nur Code erstellen.[2] Das Agile Manifest[3] beschreibt Werte um bessere Software zu entwickeln: „Funktionierende Software mehr als Dokumentation.“[4] Diese Aussage kann von Verfechtern bzw. Gegnern der Dokumentation leicht missverstanden werden.

2.1 Begriff Dokumentation

Unter Dokumentation können die Methoden und die Tätigkeit des Sammelns, Erschließens, Ordnens, Aufbewahrens und gezielten Wiederfindens von Informationen zu spezifischen Fragen oder Aufgabestellungen verstanden werden. Das Ziel einer Dokumentation kann nach Friedrichsen wie folgt vom IEEE-Standard 1471-200 abgeleitet werden: "Stakeholder haben Fragestellungen, die für sie wichtig sind und auf die sie gerne eine Antwort haben möchten bzw. haben müssen. Die Aufgabe der Dokumentation ist es, diese Fragen zu beantworten".[5] Sie kann somit anhand ihrer Zielgruppe in zwei wesentliche Bereiche unterteilt werden:

Projektdokumentation

- Dokumentation für das Projektteam
- Dokumentation für das Management

Produktdokumentation

- Dokumentation für die Anwendung der Software
- Dokumentation für die Installation und Administration

---

[2] Vgl. Friedrichsen, 2011, S. 22

[3] Das Agile Manifest enthält Werte mit dem Ziel, Softwareentwicklung flexibler, schlanker und auf den Nutzer ausgerichtet zu gestalten.

[4] Vgl. Beck, Beedle, van Bennekum, Cockburn, et al., 2001

[5] Friedrichsen, 2011, S. 23

Aufgrund der verschiedenen Einsatzbereiche kann eine Dokumentation noch weiter unterteilt werden. Abbildung 1 gibt einen Überblick über eine erweiterte Gliederung. Aufgrund des Umfangs soll in dieser Arbeit nur auf die wichtigsten Bereiche, die Projekt- und Produktdokumentation eingegangen werden, welche im 2. bzw. 3. Kapitel näher betrachtet werden.

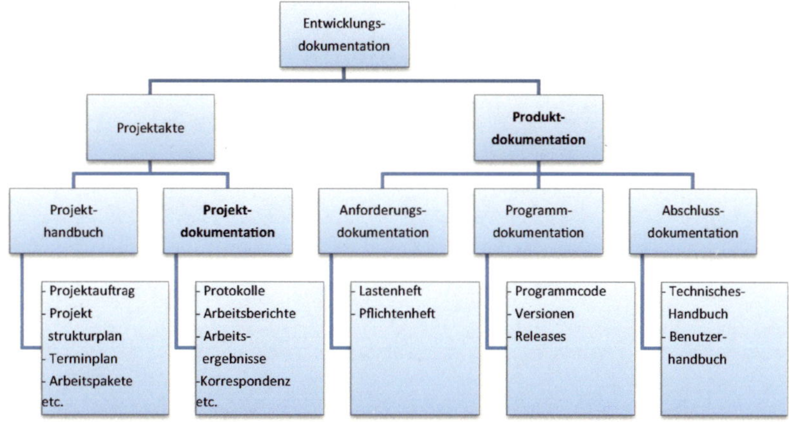

Abbildung 1:   Erweiterte Typologie der Dokumentationen in IT-Projekten
(Quelle: Dan, 2007, S. 14)

2.2   Bedeutung der Dokumentation

Dokumentation trägt maßgeblich zur Qualitätssicherung bei, denn ohne ausreichende Dokumentation kann eine Beurteilung bezüglich der Prozess- und Produktanforderungen nicht erfolgen.[6] Dabei sind bei der Erstellung folgende Fragen zu berücksichtigen:

- Wann und Wer erstellt die Dokumentation?
- Wer ist der Empfängerkreis und wie oft ist ein Update nötig?
- Ist eine Versionsverwaltung notwendig und welches Textformat wird verwendet?[7]

Nach Wallmüller sollten die Anforderungen an eine Dokumentation sich an folgenden Qualitätsmerkmalen orientieren: Änderbarkeit, Aktualität, Eindeutigkeit,

---

[6] Vgl. Wallmüller, 2001, S. 150

[7] Vgl. Mayr, 2005, S. 108

Identifizierbarkeit, Normkonformität, Verständlichkeit, Vollständigkeit und Widerspruchsfreiheit. Diese Merkmale ermöglichen nach Abschluss des Projektes eine erfolgreiche Auswertung der Projekterfahrungen.[8] Zusätzlich kann eine benutzerfreundliche und informationsreiche Produktdokumentation neben einer ergonomischen Benutzeroberfläche als das zweite Aushängeschild eines Systems gesehen werden.[9]

---

[8] Vgl. Dan, 2007, S. 12
[9] Vgl. Henrich, 2010, S. 46

3　Projektdokumentation

Die Projektdokumentation umfasst alle Dokumente, die das jeweilige Projekt betreffen. Sie dient damit in erster Linie der Verfügbarkeit und Nachvollziehbarkeit aller Arbeitsergebnisse. Sie wird in der Entwicklungs- und Wartungsphase erstellt und behält ihre Relevanz nur solange, bis das Projekt abgeschlossen ist. Die Projektdokumentation kann in eine Dokumentation für das Projektteam und für das Projektmanagement unterschieden werden. Eine Möglichkeit, eine optimale Projektdokumentation zu erstellen besteht darin, die Projektdokumentation so und gering wie möglich und dennoch effizient zu halten. Dieser Ansatz der Vermeidung wird in 3.3 näher beschrieben.

3.1　Dokumentation für das Projektteam

Das Projektteam profitiert dahingehend von der Projektdokumentation, dass die beteiligten Mitarbeiter schnellen Zugriff auf alle bisherigen Arbeitsergebnisse haben. Dies erleichtert die Kommunikation untereinander und Mitarbeiter, die später in das Projekt einsteigen, können sich schneller und zielgerichteter einarbeiten. Zusätzlich unterstützt eine Projektdokumentation Zusammenhänge zu erkennen und Entscheidungen aus der Entwicklungsphase zu rekonstruieren.[10]

Bei der Erstellung einer Projektdokumentation entstehen häufig Probleme, die es zu vermeiden gilt. Dies beinhaltet, dass die Dokumente entweder zu oberflächlich oder zu detailliert sind, nur die Sicht des Programmierers betrachtet wird, Begriffe unterschiedlich verwendet werden und die Dokumentation als lästig empfunden wird. Um diesen Problemen entgegenzuwirken empfiehlt es sich ein klar definiertes Vorgehensmodell zu nutzen, welches die einzelnen Dokumentenmodule exakt definiert.[11] Mit Beginn der Betriebs- und Wartungsphase sollten daher alle Informationen bereits in der Produktdokumentation enthalten sein, sodass auch Personen, die bei der Entwicklung nicht beteiligt waren, das

---

[10] Vgl. Henrich, 2010, S. 44

[11] Vgl. Henrich 2010, S. 45

Produkt in der Wartungsphase betreiben, nutzen und warten können. Es ist heutzutage unwahrscheinlich, dass erstellte Projekte über den kompletten Produktlebenszyklus durchgängig von einem festen Team begleitet werden.[12]

3.2 Dokumentation für das Management

Für das Management ist die Projektdokumentation aus organisatorischer, kalkulatorischer und führungspolitischer Sicht von Bedeutung. Sie beinhaltet Projekt- und Organisationspläne und Berichte, die Informationen über den Einsatz von Personal, Ressourcen, Zieldefinition, Zielerreichung und Vorkommnisse innerhalb des Projektes enthalten.[13] Das Management muss im Gegenzug dazu genügend Zeit und Relevanz für die Erstellung der Dokumentation bemessen und sie in eine Qualitätssicherung einbinden.[14]

3.3 Dokumentationsvermeidung

Ziel dieses Ansatzes ist es, die Dokumentation so gering wie möglich zu halten und Probleme und Fragestellungen in einer direkten Kommunikation zu lösen und zu klären. Schnelligkeit, weniger Aufwand und weniger Missverständnisse sind einige Punkte die dafür sprechen. Punkte in denen eine direkte Kommunikation nicht die Dokumentation ersetzt, sind z.B. bei großen Projekten, verteilte Projekte, Projekte mit hohem Risiko und Projekte, die gesetzlichen Anforderungen unterliegen.[15] Bezogen auf das Agile Manifest sollte immer geprüft werden, ob ein Dokument noch aktuell oder werthaltig ist und ggf. in einem Archiv abgelegt werden. Somit lässt sich eine Projektdokumentation auf das Minimum reduzieren.

---

[12] Vgl. Friedrichsen, 2011, S. 24

[13] Vgl. Wallmüller, 2001, S. 152

[14] Vgl. Henrich, 2010, S. 46

[15] Vgl. Friedrichsen, 2011, S. 25

4   Produktdokumentation

Die Produktdokumentation beschäftigt sich im Gegensatz zur Projektdokumentation ausschließlich mit dem zu entwickelnden Produkt.[16] Wie Abbildung 1 zeigt, gehören dazu unter anderem Pflichtenheft, Technisches Handbuch und Benutzerhandbuch und der Programmcode. Wesentlich für die Produktdokumentation ist die Betrachtung der Zielgruppe. Es kann z.B. in die Gruppe für die Anwendung sowie in die Gruppe für die Installation und Administration der Software unterschieden werden. Zusätzlich können die unterschiedlichen Bestandteile einer Produktdokumentation in unterschiedliche Kategorien eingeteilt werden.

4.1   Kategorien einer Produktdokumentation

Wie bereits in 2.2 beschrieben, ist eine Dokumentation nur dann praktikabel, wenn sie aktuell, vollständig in der Themenabdeckung, aufschlussreich in der Darstellung und vom Umfang her ausreichend ist. Dies kann je nach Produkt stark variieren. Für ein kleines Programm mit relativ wenigen Funktionen wird die Dokumentation im Gegensatz zu einem komplizierten Softwareprojekt welches über mehrere Personenjahre entwickelt wurde eher klein ausfallen. Die Bestandteile einer Produktdokumentation können in vier Kategorien T1-T4 eingeteilt werden. Zu T1 gehören alle Dokumente, die Teil des Produktes sind. Das sind z.B. das Benutzerhandbuch oder das Administrationshandbuch. In der Kategorie T2, z.B. Aufbau und Bestandteile des Produktes, befinden sich Dokumente, die nicht zum Lieferumfang gehören aber auf Nachfrage vom Hersteller zur Verfügung gestellt werden müssen. Für die Kategorie T3, z.B. Test-Dokumentation oder Schwachstellenanalyse, müssen gewisse Umstände in Abhängigkeit vom Produkt gelten, bevor diese vom Herausgeber zur Verfügung gestellt werden müssen. Dokumente der Kategorie T4, z.B. Dokumentation der Entwicklungstools, können hingegen vom Hersteller freiwillig bereitgestellt wer

---

[16] Vgl. Dan, 2007, S. 12

den.[17] Je nach Kategorie sinkt die Priorität in Bezug auf die Anforderungen an die Dokumentation. So sind die Anforderungen die in 2.2 erwähnt wurden in der Kategorie T1 höher anzusetzen als in der Kategorie T4.

4.2   Stakeholder-basierte Analyse

Der Umfang eines Benutzerhandbuches kann im Schnitt nicht genug Informationen für jede erdenkliche Fragestellung bereitstellen. Gleichzeitig sollte sie übersichtlich bleiben und dem Agilen Manifest entsprechen, dass die Software immer noch der Schwerpunkt der Entwicklung darstellt. Dennoch müssen alle wichtigen Bereiche abdeckt werden. Eine Möglichkeit dieses Dilemma aufzulösen besteht in einer so genannten stakeholder-basierten Analyse. Dazu sollten in einem ersten Schritt alle relevanten Nutzer (Stakeholder) betrachtet werden. Im zweiten Schritt werden die Fragestellungen der Stakeholder nach Themenbereichen identifiziert, um sie im dritten Schritt in die Themenbereiche der Dokumentation abzuleiten. Der vierte und fünfte Schritt beschreibt den Ansatz der Erstellung der Dokumentation um im sechsten und letzten Schritt die Stakeholder an einem Review zu beteiligen. Der intensive Kontakt zu den Anwendern der Software ist hier von großer Bedeutung, da so die entsprechenden Fragen auf die einzelnen Bereiche genauer abgestimmt werden können.[18]

Es kann als Ergebnis sinnvoll sein, unterschiedliche Dokumentationen für den Bereich Installation und Administration sowie für den Bereich klassische Anwendung zu erstellen, da die Fragestellungen und Herangehensweisen der einzelnen Nutzer unterschiedlich sein können.[19]

---

[17] Vgl. Gharaei et al., 2003, S. 2-3

[18] Vgl. Friedrichsen, 2011, S. 26

[19] Vgl. Henrich, 2010, S. 48

5 Zusammenfassung

Ziel dieses Assignments war es, einen Überblick über die verschiedenen Dokumentationsarten an der jeweiligen Phase des Projektes zu geben. Dabei ist festzuhalten, dass die Dokumentation unabhängig ob Projektdokumentation während der Entwicklungsphase oder Produktdokumentation für die Anwendung nach der Entwicklung eine erhebliche Aufmerksamkeit verlangt. Das Agile Manifest besagt, dass die Funktionalität der Software Vorrang vor der Dokumentation hat. Sie darf aber nicht in den Hintergrund geschoben werden, da sie aktuelle Projektmanagementmethoden erheblich unterstützt und damit zur Qualitätssicherung beiträgt. Zwei Ansätze dieses Dilemma, zu viele Inhalte und Informationen und Übersichtlichkeit und Aufwand, zu beseitigen, ist in der Projektdokumentation die Vermeidung von Dokumentation und in der Produktdokumentation die stakeholder-basiere Analyse. Die Vermeidung von Dokumentation während der Entwicklungsphase besteht hauptsächlich in der direkten Kommunikation zwischen dem Projektpersonal sowie einer Prüfung der Aktualität und Notwendigkeit der zu erstellenden oder bereits erstellten Dokumente. Die stakeholder-basierte Analyse beschreibt die Vorgehensweise zur Erstellung der Produktdokumentation. In sechs Schritten werden Stakeholder und deren Fragestellungen analysiert und diese anschließend in Themenbereiche mit ersten Erläuterungen unter Einbeziehung eines Reviews der Stakeholder gegliedert. Eine allgemeingültige Vorgehensweise zur Erstellung einer optimalen Dokumentation gibt es nicht, da sie i.d.R. für jedes Projekt an die gegebenen Bedingungen angepasst werden muss.[20] Die vorgestellten Ansätze bieten eine Möglichkeit dafür.

---

[20] Vgl. Friedrichsen, 2011, S. 27

Literaturverzeichnis

Beck, K., Beedle, M., van Bennekum, A., Cockburn, A., et al. (2001). *Manifest für Agile Softwareentwicklung*. Abgerufen am 04. Dezember 2012 von http://agilemanifesto.org/iso/de/manifesto.html

Burghardt, M. (1995). *Projektmanagement - Leitfaden für die Planung, Überwachung und Steuerung von Entwicklungsprojekten*. München, Erlangen: Publicis Publishing

Dan, A. (27. August 2007). *Projektdokumentation - Aufbau und Nutzen einer Dokumentation in interdisziplinären IT-Projekten*. Institut für Information und Dokumentation (IID). Abgerufen am 13. 12. 2012 von http://fiz1.fh-potsdam.de/volltext/diplome/07425.pdf

Friedrichsen, U. (01. 07. 2011). Optimale Systemdokumentation mit agilen Prinzipien. *Objekt Spektrum* (3), S. 22-27

Gharaei, S., Bruns, I., Diek, A., & Reymann, P. (02. 01. 2003). *www.datenschutzzentrum.de*. Abgerufen am 06. 12. 2012 von https://www.datenschutzzentrum.de/download/proddoku.pdf

Henrich, A. (2010). Management von Softwareprojekten. *Kurseinheit 5: Techniken des Projektmanagements* . Hagen: Fernuniversität in Hagen

Mayr, H. (2005). *Projekt Engineering - Ingenieurmäßige Softwareentwicklung in Projektgruppen*. Leipzig: Carl Hanser Verlag

Wallmüller, E. (2001). *Software-Qualitätsmanagement in der Praxis*. München, Wien: Carl Hanser Verlag